Duden

Einfach klasse in Deutsch

Rechtschreiben

Wissen • Üben • Können

3. Klasse

Dudenverlag
Mannheim • Zürich

Die Rechtschreibung in diesem Buch folgt im Falle von Schreibvarianten den Empfehlungen von Duden – Die deutsche Rechtschreibung (25. Auflage).

Beratungsangebot für Eltern und Lehrer (kostenpflichtig):
Die **Duden-Sprachberatung** beantwortet Fragen zu Rechtschreibung, Grammatik, Zeichensetzung u. Ä.
montags bis freitags zwischen 08:00 und 18:00 Uhr.
Aus Deutschland: **09001 870098** (1,86 € pro Minute aus dem Festnetz)
Aus Österreich: **0900 844144** (1,80 € pro Minute aus dem Festnetz)
Aus der Schweiz: **0900 383360** (3,13 CHF pro Minute aus dem Festnetz)
Die Tarife für Anrufe aus den Mobilfunknetzen können davon abweichen.

Bibliografische Information der Deutschen Nationalbibliothek
Die Deutsche Nationalbibliothek verzeichnet diese Publikation in der Deutschen Nationalbibliografie; detaillierte bibliografische Daten sind im Internet über http://dnb.ddb.de abrufbar.

 D C B A
Bibliographisches Institut GmbH
Dudenstraße 6, 68167 Mannheim

Redaktionelle Leitung: Grischa Zimmermann
Redaktion: Barbara Holzwarth
Autorinnen: Ulrike Holzwarth-Raether und Ute Müller-Wolfangel

Herstellerische Leitung: Ursula Fürst
Illustration: Barbara Scholz, Niklas Böwer und Oliver Kockmann
Umschlaggestaltung: WohlgemuthPartners, Hamburg
Layout und Satz: Petra Bachmann, Weinheim
Druck und Bindung: Heenemann GmbH & Co. KG
Bessemerstraße 83–91, 12103 Berlin

Printed in Germany
ISBN 978-3-411-74187-8

Jetzt gehts los!

In diesem Heft findest du alle wichtigen Inhalte zum Thema „Rechtschreiben“ in der 3. Klasse. Es ist in fünf große Kapitel aufgeteilt. Du erkennst sie an den kleinen Bildern in der Kopfzeile:

 Groß- und Kleinschreibung

 Schwierige Laute

 Lange und kurze Vokale

 Wortbausteine

 Nachschlagen

Die Kinder auf diesen kleinen Bildern begleiten dich durch den ganzen Band. Sie zeigen dir, dass es beim Lernen nicht viel anders zugeht als im Sport. Wer eine Sportart richtig gut beherrschen will, muss die wichtigsten Techniken und Spielregeln kennen und dann viel üben und trainieren. Schnell wirst du merken, dass du Fortschritte machst und dir immer mehr gelingt.

Wissen
Üben
Können

Überprüfe deine Ergebnisse mit dem **Lösungsteil** hinten im Heft. Mithilfe des **Abschlusstests** kannst du feststellen, ob du das Thema „Rechtschreiben“ schon gut beherrschst oder ob du manche Übungen noch einmal wiederholen solltest.
Die wichtigsten **Rechtschreibstrategien** und **Fachbegriffe** findest du auf den letzten Seiten des Heftes.

Wenn du dir nicht sicher bist, wie ein Wort geschrieben wird, kannst du nachschlagen – zum Beispiel in „Das Grundschulwörterbuch“ von Duden.

Inhaltsverzeichnis

Groß- und Kleinschreibung

Nomen erkennen 6

Einzahl und Mehrzahl von Nomen 7

Eigennamen 8

Die Wortbausteine -heit, -keit, -ung, -nis, -in 9

Verben werden zu Nomen 10

Die Wortbausteine -nis, -in 11

Adjektive werden zu Nomen 12

Bist du fit? 13

Schwierige Laute

Kurze Wörter verlängern 14

b, d, g im Auslaut von Nomen 15

b, d, g bei zusammengesetzten Nomen 16

b, d, g im Auslaut von Adjektiven 17

b, d, g bei Verben 18

Das Fugen-s 19

Der ks-Laut 20

Bist du fit? 21

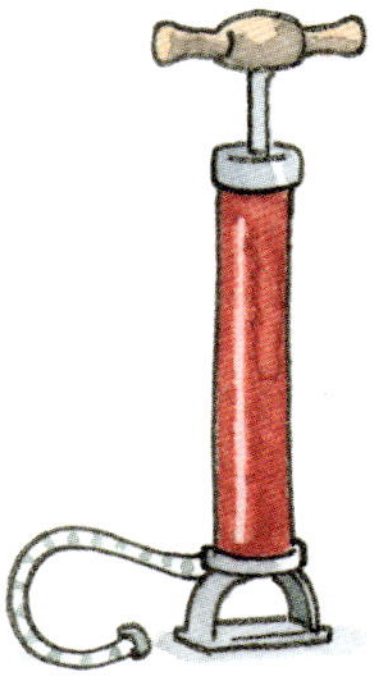

Lange und kurze Vokale

Lange und kurze Vokale hören 22

Lange und kurze Vokale unterscheiden 23

Konsonantenhäufung nach einem kurzen Vokal 24

Doppelkonsonanten in der Mitte und am Ende 25

Die Buchstabenverbindungen tz und ck 26

Wörter mit Dehnungs-h 27

Wörter mit h am Silbenanfang 28

Bist du fit? 29

Inhaltsverzeichnis

Wortbausteine

Wörter zusammensetzen 30

Den Wortstamm erkennen 31

Vorangestellte Wortbausteine 32

Vorangestellte Wortbausteine Vor-/vor-, Ver-/ver- 33

Vorangestellte Wortbausteine ab-, weg- 34

Nachgestellte Wortbausteine -ig, -lich, -isch 35

Bist du fit? 37

Nachschlagen

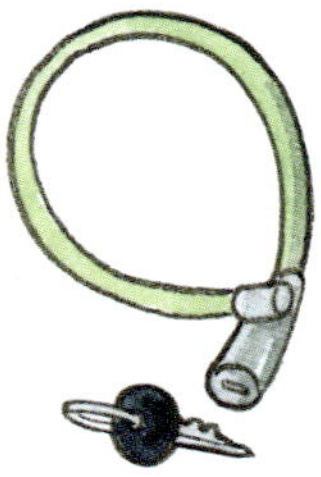

Nach dem zweiten und dritten Buchstaben ordnen 38

Haupt- und Nebeneintrag unterscheiden 39

Zusammengesetzte Nomen zerlegen 40

Zusammengesetzte Adjektive zerlegen 41

Zusammengesetzte Verben zerlegen 42

Verben in der Grundform finden 43

Schwierige Verbformen in der Grundform finden 44

Bist du fit? 45

Abschlusstest 46

Lösungen 52

Rechtschreibstrategien 62

Fachbegriffe 64

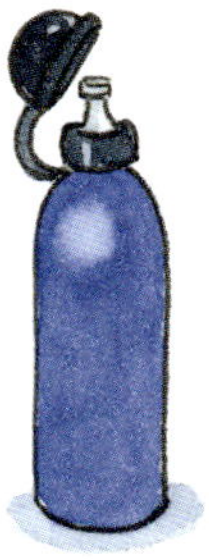

Nomen erkennen

Wissen und Verstehen

Nomen werden großgeschrieben. Sie bezeichnen Lebewesen, Gegenstände, Gefühle, Gedanken und Zustände.

das Kind	die Spinne	der Baum
das Auto	die Tafel	die Pizza
der Schreck	die Idee	die Gegenwart

Üben

Ordne die Nomen zu und schreibe sie auf.

die Krabbe die Boje der Eimer der Anker der Traum die Muschel
der Fisch die Angst das Boot die Freude das Paddel der Surfer
das Segel der Taucher die Möwe die Langeweile der Kapitän
die Hitze der Matrose das Tau der Schaum der Tropfen

Gegenstände

die Boje

Lebewesen

die Krabbe

Gefühle/Gedanken/Zustände

der Traum

Einzahl und Mehrzahl von Nomen

Wissen und Verstehen

Nomen können mit dem bestimmten oder unbestimmten Artikel verbunden werden.
Sie kommen in der Einzahl und in der Mehrzahl vor.

der Tisch **ein** Tisch **viele** Tische

Üben

Suche die Nomen heraus und schreibe sie in die Tabelle.

Y	D	S	C	K	U	R	V	W	K
H	J	C	H	L	E	H	R	E	R
E	X	H	Z	A	P	X	P	Ü	E
F	R	Ü	H	S	T	Ü	C	K	I
T	I	L	A	S	Ü	C	H	R	D
I	R	E	M	E	F	R	A	G	E
T	Ü	R	F	O	L	S	T	O	L

bestimmter Artikel	unbestimmter Artikel	Mehrzahl
das Heft	ein Heft	viele Hefte

Groß- und Kleinschreibung

Eigennamen

Wissen und Verstehen

Auch Eigennamen sind Nomen. Sie werden also großgeschrieben.

Max Frau Braun der Rhein

Üben

Beschrifte und trage die richtigen Namen ein.

Finn die Nordsee Kathrin der Rhein Herr Schwarz Hamburg
Deutschland der Main der Bodensee
München der Neckar Berlin Peter Frau Winter
Frau Weiß die Zugspitze die Ostsee Mannheim die Elbe Herr Sommer

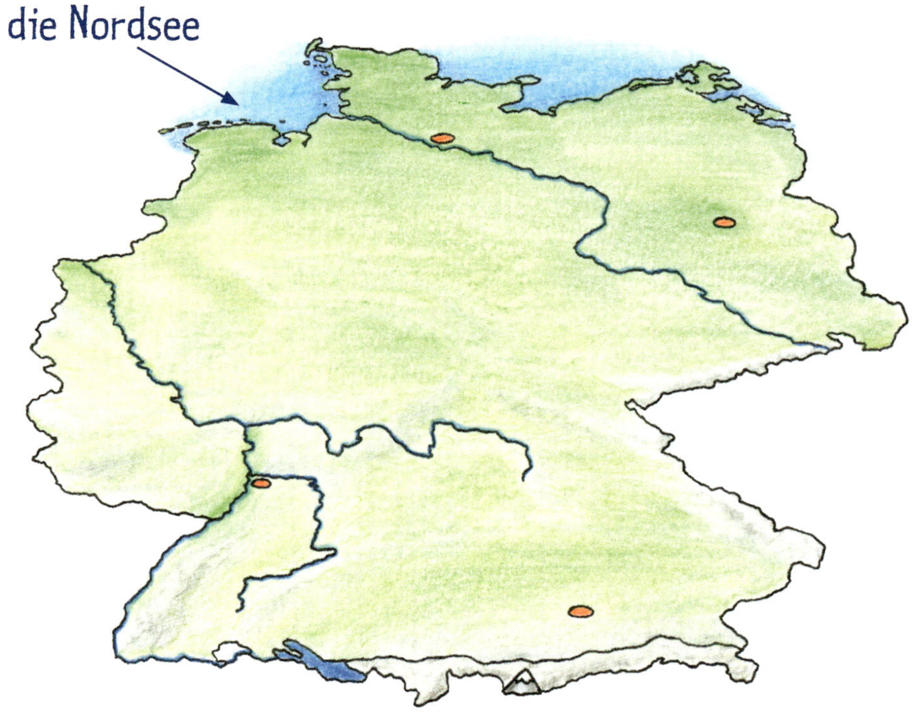

Finn ....

Wissen und Verstehen

An den nachgestellten Wortbausteinen -heit, -keit, -ung, -nis, -in kannst du Nomen erkennen.

die Gesund**heit** die Pünktlich**keit** die Zeit**ung** das Hinder**nis** die Lehrer**in**

Üben

Suche die Nomen mit den nachgestellten Wortbausteinen -heit, -keit, -ung, -nis und -in heraus. Markiere die Wortbausteine. Schreibe die Nomen mit Artikel auf.

VERGANGENHEITUPSVERBINDUNGUPSVERSÄUMNISUPSEINIGKEITUPSGESU
NDHEITUPSPRINZESSINUPSGELEGENHEITUPSVERZEICHNISUPSWÄHRUNGUP
SBEWEGLICHKEITUPSFEIGHEITUPSSCHÖNHEITUPSAUFMERKSAMKEITUPSBE
MERKUNGUPSPROFESSORINUPSHINDERNISUPSKLEINIGKEITUPSBÜRGERINU
PSVERSAMMLUNGUPSVERSTÄNDNISUPSVERABREDUNGUPSDETEKTIVINUPS

-heit: die Vergangenheit, ...

....

-keit: ....

....

-ung: ....

....

-nis: ....

....

-in: ....

....

Verben werden zu Nomen

Wissen und Verstehen

Aus Verben kannst du Nomen bilden, wenn du die Wortbausteine **-ung**, **-er** oder **-nis** anhängst. Nomen schreibst du groß.

ordnen – die Ord**nung** entdecken – der Entdeck**er** ergeben – das Ergeb**nis**

Üben

Bilde aus den Verben und den Wortbausteinen **-ung**, **-er** oder **-nis** Nomen. Schreibe sie mit Artikel in die Tabelle.

bohren erfahren erleben bedeuten ergeben verlieren
gewinnen kreuzen bewegen wagen lehren arbeiten
hindern sprechen ärgern

-ung	-er	-nis
die Bohrung	der Bohrer	das Erlebnis

Wissen und Verstehen

Wenn du Wörter mit den Wortbausteinen **-nis** und **-in** in die Mehrzahl setzt, musst du beim Schreiben besonders aufpassen.

das Ergeb**nis** – die Ergeb**nisse**

die Architekt**in** – die Architekt**innen**

Üben 1

Setze die Nomen in die Mehrzahl. Markiere die Wortbausteine.

das Wag	nis		das Erleb	nis	
die Wag	nis	se			
das Versäum	nis		das Hinder	nis	
das Verzeich	nis		das Geständ	nis	
das Gefäng	nis		das Ärger	nis	

Üben 2

Schreibe die weibliche Berufsbezeichnung in der Einzahl und in der Mehrzahl auf.

der Manager ....

der Prinz ....

der Professor ....

der Präsident ....

der Bauer ....

der Detektiv ....

Groß- und Kleinschreibung

Adjektive werden zu Nomen

Wissen und Verstehen

Aus Adjektiven kannst du Nomen bilden, wenn du die Wortbausteine **-heit** und **-keit** anhängst. Nomen schreibst du groß.

offen – die Offen**heit** freundlich – die Freundlich**keit**

Üben

Bilde aus den Adjektiven mit den Wortbausteinen **-heit** oder **-keit** Nomen. Schreibe die Nomen mit Artikel auf.

faul 	fröhlich	hässlich 
die Faulheit	die Fröhlichkeit	....
ängstlich 	herzlich 	menschlich
....	....	....
schön 	frei 	gleich
....	....	....
gesund	dumm 	klug 
....	....	....

Können Bist du fit?

1 Unterstreiche die Nomen: Lebewesen rot und Gegenstände blau. Welche bleiben übrig?

der Hase die Brille die Freude der Bus der Traum der Floh

das Mädchen die Langeweile die Schokolade

2 In jeder Zeile gehört ein Nomen nicht dazu. Streiche es durch und schreibe auf, warum du es durchgestrichen hast.

die Gelegenheit die Feigheit die Gemütlichkeit die Krankheit die Schönheit

Ich streiche .... durch, weil das Wort ....

die Einigkeit die Arbeitslosigkeit die Böschung die Beständigkeit die Herzlichkeit

Ich streiche .... durch, weil das Wort ....

die Buchhandlung die Begegnung die Versammlung die Kleidung das Gefängnis

Ich streiche .... durch, weil das Wort ....

3 Setze die Nomen in die Mehrzahl.

das Verzeichnis .... die Polizistin ....

das Gefängnis .... die Forscherin ....

4 Bilde aus den Verben Nomen. Achte auf den Artikel.

senden .... ärgern ....

verabreden .... versäumen ....

5 Bilde aus den Adjektiven Nomen. Achte auf den Artikel.

frei .... flüssig ....

fröhlich .... faul ....

Kurze Wörter verlängern

Wissen und Verstehen

Die Konsonanten (Mitlaute) **b** und **p**, **d** und **t**, **g** und **k** klingen im Auslaut gleich.

tau**b** – der Lum**p**   das Klei**d** – brei**t**   klu**g** – das Vol**k**

Wenn du kurze Wörter verlängerst, kannst du die Laute so hören, wie du sie schreibst.

Üben

Was gehört zusammen? Verbinde und setze dann den passenden Buchstaben ein.

das Zel t	die Bän ke
frem	gel be Zitronen
die Ban	die Zel te
gel	frem de Menschen
star	die Bil der
der Die	run de Knöpfe
das Pfer	bun te Blätter
bun	star ke Jungen
run	blon de Haare
der Hun	har te Eier
die Luf	die Die be
der Rau	die Lüf te
das Bil	eine hal be Stunde
hal	die Räu ber
har	die Pfer de
blon	die Hun de

b, d, g im Auslaut von Nomen

Wissen und Verstehen

Um bei Nomen den Auslaut **b**, **d**, **g** genau zu hören, musst du das Wort verlängern. Bilde dafür die Mehrzahl.

das Sie**b** – die Sie be   die Han**d** – die Hän **de**   der Käfi**g** – die Kä fi **ge**

Üben

Bilde zuerst die Mehrzahl und setze dann die Silbenbögen unter das Nomen. Ergänze anschließend den Auslaut bei der Einzahl.

Mehrzahl		Einzahl
die Die be	deshalb	der Die b ...
....	deshalb	der Ta .....
....	deshalb	der Sta .....
....	deshalb	der Win .....
....	deshalb	der Zu .....
....	deshalb	das Sie .....
....	deshalb	das Klei .....
....	deshalb	das Ver .....
....	deshalb	der Zwer .....
....	deshalb	das Ban .....
....	deshalb	der Flu .....
....	deshalb	das Lie .....
....	deshalb	der Kor .....
....	deshalb	der Zwei .....
....	deshalb	das Fel .....

b, d, g bei zusammengesetzten Nomen

Wissen und Verstehen

Um die Laute **b/p**, **d/t**, **g/k** bei zusammengesetzten Nomen genau zu hören, musst du das Wort zerlegen.

der Kor**bb**all   der Kor**b** – die Kör **be**   der **B**all

Üben

Zerlege zuerst das zusammengesetzte Nomen. Bilde dann vom ersten Nomen die Mehrzahl und ergänze im zusammengesetzten Nomen den fehlenden Buchstaben.

Zusammengesetztes Nomen	1. Nomen	2. Nomen	Mehrzahl des 1. Nomens
der Flu g schreiber	der Flug	der Schreiber	die Flü ge
die Han .... tasche			
der Gel .... beutel			
die Fel .... maus			
der Gra .... stein			
der Ber .... gipfel			
der Stran .... korb			
das Win .... rad			
das Han .... tuch			
der Li .... schatten			
der Kor .... stuhl			
die Ra .... kappe			
die Wan .... uhr			
das Schla .... loch			

b, d, g im Auslaut von Adjektiven

Wissen und Verstehen

Um bei Adjektiven den Auslaut **b**, **d**, **g** genau zu hören, musst du das Wort verlängern. Bilde dafür die 1. Vergleichsstufe.

lie**b** – lie **b**er   spannen**d** – span nen **d**er   billi**g** – bil li **g**er

Üben

Bilde zuerst die 1. Vergleichsstufe und schreibe sie auf die Silbenbögen. Ergänze dann den fehlenden Auslaut in der Grundstufe.

bun t	➩	ich vergleiche	➩	bun ter
fa	➩	ich vergleiche	➩	....
lie	➩	ich vergleiche	➩	....
klu	➩	ich vergleiche	➩	....
wil	➩	ich vergleiche	➩	....
gesun	➩	ich vergleiche	➩	....
kräfti	➩	ich vergleiche	➩	....
wüten	➩	ich vergleiche	➩	....
zorni	➩	ich vergleiche	➩	....
lusti	➩	ich vergleiche	➩	....

Schwierige Laute

b, d, g bei Verben

Wissen und Verstehen

Bei manchen Personalformen des Verbs kannst du nicht hören, ob du **b** oder **p**, **d** oder **t**, **g** oder **k** schreiben musst.
Erst in der Grundform des Verbs hörst du den Laut so, wie du ihn schreiben musst.

sie to**b**t – to **b**en   er fan**d** – fin **d**en   sie sin**g**t – sin **g**en

Üben

Bilde zuerst die Grundform des Verbs. Ergänze dann den fehlenden Buchstaben **b**, **d** oder **g** in der Personalform des Verbs.

er kla g t	kommt von	kla	gen
sie trä ___ t	kommt von		
sie be ___ t	kommt von		
du gi ___ st	kommt von		
er blie ___	kommt von		
er wie ___ t	kommt von		
sie fan ___	kommt von		
du stei ___ st	kommt von		
sie schrie ___	kommt von		
er ban ___	kommt von		
sie flo ___	kommt von		
es stau ___ t	kommt von		

Wissen und Verstehen

Manchmal verbindet das Fugen-**s** zwei Nomen miteinander. Du kannst es besser hören, wenn du das Wort in Silben sprichst.

die Sonn tag**s** zei tung

Üben 1

Bilde immer aus zwei Nomen ein zusammengesetztes Nomen mit Fugen-**s**. Markiere das Fugen-**s**.

~~das Frühstück~~ | die Tasche | der Verkehr | die Zeit | die Abfahrt

der Hunger | das Schild | der Vorrat | der Spaß | der Esel

die Not | der Mord | das Tuch | das Dreieck

~~das Ei~~ | die Kammer | ~~die Geburt~~ | die Hilfe | der Mord

der Hunger | das Ohr | ~~der Tag~~ | das Zelt

der Himmel | der Haushalt | der Einkauf

der Geburt**s**tag, das Frühstück**s**ei, ...

....

....

....

....

Üben 2

Entscheide, ob du ein Fugen-**s** einfügen musst. Ergänze es dort, wo es fehlt.

der Mittag .... tisch	der Geburt .... ort	das Verkehr .... chaos
der Suppen .... topf	die Vorrat .... dose	das Mittag .... essen

Der ks-Laut

Wissen und Verstehen

Der Laut (ks) wird verschieden geschrieben. Dafür gibt es keine Regel. Du musst dir die Wörter merken.

der Da**chs** der Ke**ks** der Kle**cks** die He**x**e

Üben

Sortiere die Wörter und trage sie ein.

der Fuchs der Keks der Klecks der Klacks der Mixer wachsen
extrem die Achse der Hicks sechs wechseln das Exemplar
die Eidechse die Axt hexen der Koks der Murks mixen
der Mucks der Knacks die Nixe Max

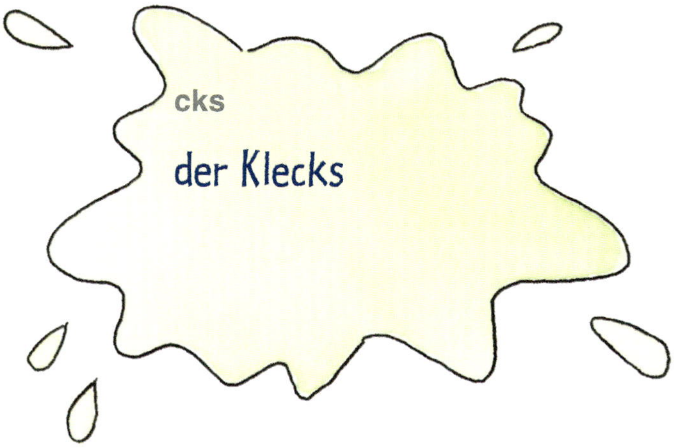

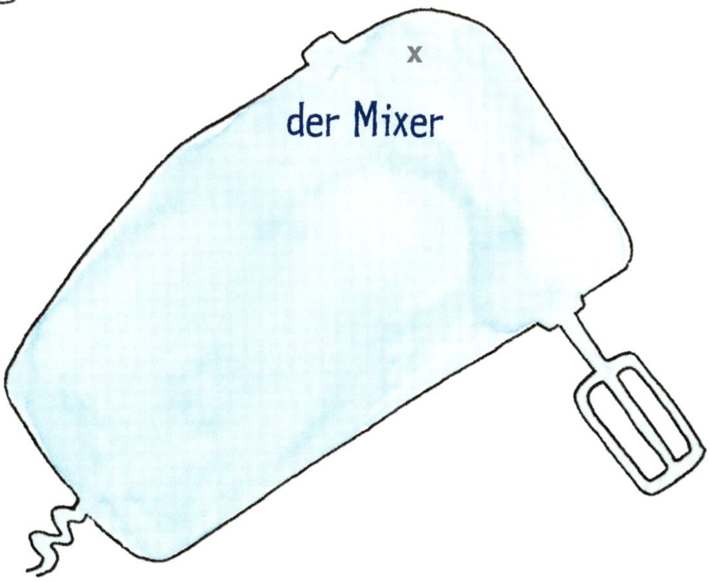

Könner Bist du fit?

1 Verlängere die Nomen. Setze dann den fehlenden Buchstaben **b/p**, **d/t** oder **g/k** ein.

der Ta .... die .... der Kor .... die ....

das Ra .... die .... das Bro .... die ....

2 Zerlege die zusammengesetzten Nomen. Verlängere das erste Nomen und schreibe es auf. Setze dann den fehlenden Buchstaben **b/p**, **d/t** oder **g/k** ein.

das Geschen ....band ....

der Gel ....beutel ....

die Ber ....spitze ....

der Sta ....hochsprung ....

3 Verlängere die Adjektive und schreibe sie auf. Ergänze dann den fehlenden Buchstaben **b/p**, **d/t** oder **g/k**.

flin .... wil ....

hungri .... bun ....

lie .... plum ....

4 Bilde zu jedem Verb die Grundform und schreibe sie auf. Setze dann den fehlenden Buchstaben **b/p**, **d/t** oder **g/k** ein.

sie glau ☐ t .... er fan ☐ ....

ihr schrei ☐ t .... es stin ☐ t ....

er tra ☐ .... du trä ☐ st ....

5 Kreise alle zusammengesetzten Nomen ein, die ein Fugen-**s** haben.

die Glasschüssel die Bahnhofsuhr die Messlatte das Verkehrsschild

der Busfahrer das Flussschiff der Einkaufskorb die Eingangstür

Lange und kurze Vokale hören

Wissen und Verstehen

Wenn du ein Wort deutlich und bewusst sprichst, hörst du, ob der Vokal (Selbstlaut) in der betonten Silbe kurz oder lang gesprochen wird.

offen – der **O**fen

Üben 1

Sprich die Wortpaare langsam und deutlich. Markiere die Wörter mit einem kurz gesprochenen Vokal rot und die mit einem lang gesprochenen Vokal blau.

das Bett	das Beet
die Hüte	die Hütte
rasten	rasen
die Base	die Bässe
betten	beten
die Rose	die Rosse
die Blässe	die Blase
hobeln	hoppeln
die Nase	die Nässe
die Miete	die Mitte
still	der Stiel

Üben 2

Sortiere die Wörter nach kurzem und langem Vokal in der betonten Silbe.

Tropfen Hut Masse rot Band Lob Bad bunt

kurzer Vokal: ....

langer Vokal: ....

Wissen und Verstehen

Zur Unterscheidung von kurz und lang gesprochenen Vokalen hilft es dir, sie verschieden zu kennzeichnen. Unter den kurz gesprochenen Vokal machst du einen Punkt, unter den lang gesprochenen einen Strich.

die Wanne die Schale

Üben

Kennzeichne in jedem Wort den betonten Vokal: mit einem Punkt •, wenn er kurz gesprochen wird, und mit einem Strich –, wenn er lang gesprochen wird.

Konsonantenhäufung nach einem kurzen Vokal

Wissen und Verstehen

Nach einem kurzen betonten Vokal oder Umlaut folgen mehrere Konsonanten. Es können auch zwei gleiche sein.

filtern   der Körper
fallen   kämmen

Üben

Sprich die Wörter langsam und deutlich. Wie viele Konsonanten folgen auf den kurz gesprochenen Vokal oder Umlaut? Trage die Wörter in die passenden Spalten ein und markiere die Konsonanten.

die Pfanne   saftig   der Strumpf   kalt   der Lappen   der Herd
der Apfel   essen   der Topf   das Monster   kämpfen   das Brett
der Dampf   die Tasse   schimpfen   helfen   der Löffel
die Wurst   stampfen   das Blatt   der Kuss   stürzen
stark   die Kante   der Kampf   impfen   schlapp

zwei gleiche Konsonanten	zwei unterschiedliche Konsonanten	drei und mehr Konsonanten
die Pfanne	saftig	der Strumpf

Wissen und Verstehen

Wenn nach einem kurzen betonten Vokal oder kurzen Umlaut zwei gleiche Konsonanten folgen, nennt man sie Doppelkonsonanten. Sie können in der Mitte oder am Ende des Wortes stehen.

essen der Kuss

Üben

Suche zu jedem Wort zwei Reimwörter. Markiere die Doppelkonsonanten.

die Kanne	die Wanne	die Tanne
murren	kn	s ....
das Kliff	das Sch	das R ....
der Schlüssel	die Sch	der R ....
nett	f	das B ....
der Schluss	der K	die N ....
die Gruppe	die P	die S ....
grell	schn	h ....
die Klammer	der H	die K ....
kennen	br	r ....
jetten	r	w ....
prall	der Sch	der Kn ....

Die Buchstabenverbindungen tz und ck

Wissen und Verstehen

Nach einem kurzen betonten Vokal werden die Konsonanten **z** und **k** verdoppelt.
Statt **zz** schreibst du aber **tz**, statt **kk** schreibst du **ck**.

der Bli**tz**	schma**tz**en	schmu**tz**ig
die De**ck**e	le**ck**en	e**ck**ig

Üben 1

Ergänze die Sätze. Markiere alle **ck** rot und alle **tz** blau.

Mäuse fängt man mit Speck ....

Über den Fluss führt eine ....

Im Winter braucht man eine ....

Auf dem Kleid ist ein ....

Morgens klingelt mein ....

Ich muss meinen Bleistift ....

Auf dem Salat kriecht eine ....

Üben 2

Setze **ck** oder **tz** ein. Ordne dann die Wortfamilien und schreibe sie auf.
Achte auf den Artikel.

Bä.....er Pla..... Ba.....ofen zerpla.....en Fußballpla.....

ba.....en Plä.....chen Pla.....wunde Zwieba..... pla.....en

geba.....en Gebä..... gepla.....t ausba.....en

Wortfamilie (**ck**): der Bäcker, ...

....

Wortfamilie (**tz**): der Platz, ...

....

Wissen und Verstehen

Das **h** nach einem Vokal ist ein Dehnungszeichen. Man nennt es Dehnungs-**h**.
Du kannst es nicht hören. Diese Wörter musst du dir merken.

das Hu**h**n   stra**h**len   wa**h**r

Üben

Ordne die Wörter passend zu und schreibe sie auf.

zählen   der Ruhm   fröhlich   ihm   fehlen   das Gefühl   bohren

die Fähre   kühl   hohl   ihn   führen   die Fahne   ihr   sehr   wohl

gähnen   die Wohnung   ihnen   zehn   dehnen

ah/äh

zählen

eh

fehlen

oh/öh

fröhlich

uh/üh

der Ruhm

ih: ihm, ...

Wörter mit h am Silbenanfang

Wissen und Verstehen

Das **h** steht in einigen Wörtern am Silbenanfang. Da hörst du es beim Sprechen gut.

die Mü **h**e   ge **h**en

Kurze Wörter musst du verlängern, um das **h** am Silbenanfang zu hören.

frü**h**   frü **h**er

Üben 1

Schreibe jedes Wort in Silben getrennt auf. Markiere nur das **h** am Silbenanfang.

drehen   wohnen   stehen   die Bohne   die Brühe   fahren   die Sehne
sehen   fehlen   drohen   rühren   blühen

Wort	1. Silbe	2. Silbe	Wort	1. Silbe	2. Silbe
drehen	dre	hen			

Üben 2

Verlängere die Wörter, damit du das **h** hören kannst. Schreibe sie mit Silbenbögen auf.

die Kuh .... die Kü he

der Floh ....

das Reh ....

der Zeh ....

der Schuh ....

froh ....

nah ....

Können Bist du fit?

1 Kennzeichne in jedem Wort den betonten kurz gesprochenen Vokal mit einem Punkt, den lang gesprochenen mit einem Strich.

die Tafel   hell   der Tisch   die Tür   öffnen   die Bank   malen   falten   das Buch

2 Suche zu jedem Wort ein Reimwort. Markiere die Doppelkonsonanten.

Affe   W ....   Tasse   K ....

Kelle   W ....   Schimmel   H ....

retten   w ....   schnurren   kn ....

3 Trage die Wörter ein.

sitzen   Satz   Blitz   jetzt   trotzig   eckig   Socken   meckern   trocken   Brücke

			tz			
			tz			
			tz			
			tz			
			tz			

			ck			
			ck			
			ck			
			ck			
			ck			

4 Alle gesuchten Wörter haben ein **h**. Ergänze die Lücken.

Lea kann schon bis eine Million z .... Bei der Fußballweltmeister-schaft hatten viele Menschen F .... an ihren Autos. Die Z .... nach der Z .... ist die Elf. Bennie fiel in Mathe vom St ....

5 Setze Silbenbögen unter jedes Verb und ergänze die Personalform. Markiere dann in beiden Formen das **h**.

stehen   er ....   blühen   es ....

krähen   er ....   gehen   du ....

Wörter zusammensetzen

Wissen und Verstehen

Wörter bestehen aus verschiedenen Wortbausteinen. Du kannst sie in ihre Wortbausteine zerlegen oder auch aus Wortbausteinen Wörter bilden.

die Be|schreib|ung   be|schreib|en

Üben 1

Bilde aus den Wortbausteinen Wörter und schreibe sie auf.

zer	brenn	ung
be	leb	en
Ab	tret	en
Be	weg	nis
ab	leg	en
be	kühl	en
er	kund	lich
Er	press	ung
er	weg	en
ein	schreib	en

zerlegen, ...

....

....

Üben 2

Zerlege die Wörter in ihre Wortbausteine. Trenne mit Strichen ab.

Bekleidung   betrügen   Entfernung   anfassen   zerbrechlich   vergesslich   Verständnis

Den Wortstamm erkennen

Wissen und Verstehen

Der wichtigste Wortbaustein in einem Wort ist der **Wortstamm**. Wenn du ihn erkennst, kannst du auch verwandte Wörter richtig schreiben. Der Vokal im Wortstamm kann sich jedoch verändern.

führen	ver**führ**en	ab**führ**en	die **Führ**ung	aus**führ**lich
brechen	ein**brech**en	zer**brech**en	der Ein**bruch**	zer**broch**en

Üben

Schreibe die Wörter nach Wortfamilien sortiert auf. Markiere den Wortstamm.

laufen   kaltblütig   helfen   rennen   der Lauf   die Kälte   hilflos
der Läufer   du rennst   du läufst   er half   das Laufrad   er rannte
geläufig   der Rennfahrer   kalt   es hat geholfen   erkälten   das Rennen
die Hilfe   erkalten   sie hilft   gerannt

lauf

laufen, ...

....

....

....

renn

rennen, ...

....

....

....

kalt

kaltblütig, ...

....

....

....

helf

helfen, ...

....

....

....

Vorangestellte Wortbausteine

Wissen und Verstehen

Wenn du ein Verb mit einem vorangestellten Wortbaustein verbindest, können zwei gleiche Buchstaben aufeinandertreffen.

ein-nehmen **aus-sprechen** **auf-fallen** **ent-täuschen** **an-nehmen** **be-enden**

Üben

Bilde Verben. Setze Wortbausteine und Verben so zusammen, dass zwei gleiche Buchstaben aufeinandertreffen. Schreibe die Verben auf und markiere die gleichen Buchstaben.

Wortbausteine	Verben
ab-	nähen
an-	sagen
auf-	führen
aus-	bauen
be-	säen
ein-	nehmen
ent-	suchen
	täuschen
	sortieren
	fädeln
	sehen
	fressen
	enden
	senden
	falten
	erben

abbauen,

Vorangestellte Wortbausteine Vor-/vor-, Ver-/ver-

Wissen und Verstehen

Die vorangestellten Wortbausteine **Vor-/vor-** und **Ver-/ver-** kommen häufig vor.
Du musst beim Schreiben auf sie achten.

der **Vor**name   der **Ver**band   **vor**sagen   **ver**fahren

Üben

Trage die Wortbausteine **Vor-/vor-** oder **Ver-/ver-** ein. Bei manchen Wörtern passen beide Wortbausteine. Entscheide dich.

ver geben	legen	such	nehmen
sehen	hindern	kommen	schlag
senden	fahren	wenden	schreiben
kauf	dienen	stellen	lesen
ziehen	tauschen	sagen	suchen
teilen	brennen	bieten	wandeln
raten	spiel	reisen	rechnen

Vorangestellte Wortbausteine ab-, weg-

Wissen und Verstehen

Besonders aufpassen musst du bei den Wortbausteinen **ab-** und **weg-**, weil sie am Ende anders geschrieben als gesprochen werden.

a**b**-tauchen weg-räumen

Üben 1

Schreibe nur die Verben auf, vor die du beide Wortbausteine **ab-** und **weg-** setzen kannst. Markiere **b** und **g**.

räumen stellen lesen werfen laufen sagen brechen

hören lösen **ab-** **weg-** fallen geben

sprechen führen nehmen springen schließen

abräumen, wegräumen,

Üben 2

Streiche die Wörter durch, die keinen Sinn ergeben.

abmessen **weg**raten **ab**pfeifen **weg**rennen **weg**bitten

abfliehen **weg**fahren **ab**blasen **weg**malen **ab**heben

Wissen und Verstehen

Wörter mit den Wortbausteinen **-ig**, **-lich**, **-isch** sind Adjektive. Adjektive werden kleingeschrieben.

ruh**ig** freund**lich** kom**isch**

Üben

Bilde aus den Nomen Adjektive. Ergänze.

der Sand sand ig	der Ärger .... lich	die Laune .... isch
der Verdacht .... ig	der Spott .... isch	die Lust .... tig
der Maler .... isch	der Sturm .... isch	das Glück .... lich
die Gefahr .... lich	der Stein .... ig	das Tier .... isch
die Kraft .... ig	der Tag .... lich	das Herz .... lich
der Hass .... lich	der Witz .... ig	der Erfinder .... isch

Nachgestellte Wortbausteine -ig, -lich, -isch

Wissen und Verstehen

Wenn du Adjektive, die die nachgestellten Wortbausteine **-ig**, **-lich** oder **-isch** haben, verlängerst, kannst du die Wortbausteine gut unterscheiden und richtig schreiben. Du kannst Adjektive verlängern, indem du sie mit einem Nomen verbindest.

die ruh**ige** Klasse   ein freund**liches** Gesicht   eine kom**ische** Geschichte

Üben

Bilde passende Wortpaare. Verlängere die Adjektive. Kreise die Wortbausteine **-ig**, **-lich** und **-isch** ein.

täglich	Weg
stürmisch	Straße
verdächtig	Buch
erfinderisch	Bewegung
herzlich	Wetter
witzig	Boden
glücklich	Ideen
steinig	Glückwunsch
gefährlich	Ort
malerisch	Mutter
sandig	Geräusch
launisch	Leben

die tägliche Bewegung

Können Bist du fit?

1 Zerlege die Wörter in ihre Wortbausteine. Trenne diese mit Strichen ab.

Verbindung anrufen erzählen Verständnis beweglich

2 Markiere den Wortstamm. Verwende für jeden Wortstamm eine andere Farbe.

leben schläfrig warm leblos verschlafen lebendig die Wärme schlafen wärmen

3 Setze mindestens vier verschiedene vorangestellte Wortbausteine vor jedes Verb. Schreibe die Wörter auf.

ab- an- auf- aus- be- ein- ent- ver- vor- weg-

führen nehmen rechnen

....

....

....

4 Bilde mit nachgestellten Wortbausteinen aus Nomen Adjektive. Fülle die Tabelle aus.

	-ig	-lich	-isch
der Witz			
der Tag			
das Tier			
das Kind			

5 Setze die nachgestellten Wortbausteine **-ig**, **-lich** oder **-isch** ein und markiere sie.

ein freund...... Mensch die witz...... Geschichte der köst...... Apfel

die dieb...... Elster das hungr...... Baby der biss...... Hund

Nach dem zweiten und dritten Buchstaben ordnen

Wissen und Verstehen

Wenn du unsicher bist, wie ein Wort geschrieben wird, hilft dir ein Wörterbuch. Achte beim Nachschlagen nicht nur auf den Anfangsbuchstaben, sondern auch auf den zweiten und dritten Buchstaben des Wortes.

die W**a**nne   das Wa**s**ser

Üben 1

Schreibe die Wörter nach dem Abc geordnet auf.

balancieren   stark   Ringe   werfen   klatschen   stehen   Stoppuhr
Rast   klettern   Barren   weinen   klingeln   Wettrennen   Boot   rudern

B/b
balancieren
....
....

K/k
....
....
....

R/r
....
....
....

S/s
....
....
....

W/w
....
....
....

Üben 2

In jeder Zeile stehen zwei Wörter an der falschen Stelle. Streiche sie durch.

Mohn   Möhre   Mole   Monat   Moment   Moor   Morgen   Moped   Mörtel

zurück   zusammen   zuwider   zuvor   zwei   zwischen   zwanzig   zwölf

Haupt- und Nebeneintrag unterscheiden

Wissen und Verstehen

Die Haupteinträge in einem Wörterbuch sind fett gedruckt. Darunter stehen Nebeneinträge. Sie gehören zur gleichen Wortfamilie.

gefährlich (Nebeneintrag)	findest du bei	**Gefahr** (Haupteintrag)
das Blut (Nebeneintrag)	findest du bei	**bluten** (Haupteintrag)

Üben 1

Verbinde die Nebeneinträge mit dem passenden Haupteintrag und kontrolliere im Wörterbuch.

Nebeneinträge	Haupteinträge	Nebeneinträge
Blitzableiter		Wärme
regnen	Blitz	Windmühle
Windstärke		regnerisch
sich wärmen	Regen	warmherzig
blitzen		regennass
windstill	Wind	Regenwetter
blitzschnell	warm	Wärmflasche
windig		Blitzlicht

Üben 2

Schlage im Wörterbuch nach. Schreibe zu jedem Haupteintrag zwei Nebeneinträge.

die **Schnur**	**geheim**	die **Nacht**
....	....	....
....	....	....

Nachschlagen

Zusammengesetzte Nomen zerlegen

Wissen und Verstehen

Wenn du ein zusammengesetztes Nomen nicht im Wörterbuch findest, dann zerlege es in die einzelnen Wörter.

der Fahrradschlauch → das Fahrrad, der Schlauch

Üben

Zerlege die zusammengesetzten Nomen. Trenne die einzelnen Wörter durch Striche ab und schreibe sie mit Artikel auf.

KARTOFFEL|BREI|SCHÜSSEL BUTTERBROTPAPIER MARMORKUCHENFORM

NUDELSUPPENTOPF KIRSCHTORTENSCHACHTEL

BUTTERMILCHTÜTE

MILCHSCHAUMDÜSE

GURKENSCHEIBENHOBEL

SCHWEINEBRATENSCHEIBE

die Kartoffel, der Brei, die Schüssel

Wissen und Verstehen

Wenn du ein zusammengesetztes Adjektiv nicht im Wörterbuch findest, dann zerlege es und suche die einzelnen Wörter.

hellrot → hell, rot
turmhoch → der Turm, hoch

Üben

Zerlege die zusammengesetzten Adjektive. Trenne die Teile durch einen Strich ab. Schreibe dann die einzelnen Wörter darunter, wie sie im Wörterbuch stehen.

hunde|müde
der Hund | müde

pudelwohl

aalglatt

bärenstark

rabenschwarz

spinnefeind

grasgrün

honiggelb

stahlblau

dunkelbraun

saukalt

rosarot

Zusammengesetzte Verben zerlegen

Wissen und Verstehen

Wenn du ein zusammengesetztes Verb nicht im Wörterbuch findest, dann zerlege es und suche die einzelnen Teile.

ankommen → an, kommen
aufschieben → auf, schieben

Üben

Zerlege die zusammengesetzten Verben durch einen Strich und schreibe die einzelnen Wörter auf.

ab|geben	ich suche unter	ab	und	geben
andrehen	ich suche unter	....	und	....
aufstehen	ich suche unter	....	und	....
auspacken	ich suche unter	....	und	....
einsammeln	ich suche unter	....	und	....
herabsteigen	ich suche unter	....	und	....
heraussagen	ich suche unter	....	und	....
herüberrufen	ich suche unter	....	und	....
herumspringen	ich suche unter	....	und	....
hervorkommen	ich suche unter	....	und	....
hinsetzen	ich suche unter	....	und	....
hinausgehen	ich suche unter	....	und	....
überstürzen	ich suche unter	....	und	....
wiederkäuen	ich suche unter	....	und	....
widersprechen	ich suche unter	....	und	....

Wissen und Verstehen

Im Wörterbuch steht als Haupteintrag von Verben nur die Grundform.

er kocht → kochen

Üben 1

Ergänze die Grundform.

Üben 2

Unterstreiche in jedem Satz das Verb und schreibe die passende Grundform auf.

Die ganze Klasse redet durcheinander. reden ....

Pit fluchte leise vor sich hin. ....

Nico und Paula schwätzten die ganze Zeit miteinander. ....

Lina schwört, dass sie Franzis Radiergummi nicht hat. ....

Beim Sport prahlte Oskar mit seinen neuen Sportschuhen. ....

Die Mathematiklehrerin fragt die Einmaleinsreihen ab. ....

Bei der Stillarbeit antwortet Zoe nicht auf Ralfs Flüstern. ....

Jim quengelt ständig. ....

Tom passt nicht auf. ....

Schwierige Verbformen in der Grundform finden

Wissen und Verstehen

Manche Verbformen sind schwer im Wörterbuch zu finden, weil sie sich in den Zeitstufen stark verändern. Du findest sie, wenn du unter der Grundform nachschlägst.

er aß → essen sie goss → gießen

Üben

Schreibe das Verb auf, unter dem du im Wörterbuch nachschlagen musst.

sie ging	➩	finde ich bei	➩	....
er sprang	➩	finde ich bei	➩	....
wir fuhren	➩	finde ich bei	➩	....
er ist geritten	➩	finde ich bei	➩	....
du liefst	➩	finde ich bei	➩	....
er floh	➩	finde ich bei	➩	....
es lag	➩	finde ich bei	➩	....
wir schlichen	➩	finde ich bei	➩	....
sie kamen	➩	finde ich bei	➩	....
wir zogen	➩	finde ich bei	➩	....
sie stiegen	➩	finde ich bei	➩	....
er kroch	➩	finde ich bei	➩	....
er fiel	➩	finde ich bei	➩	....
sie schwammen	➩	finde ich bei	➩	....
wir sind gerannt	➩	finde ich bei	➩	....

Bist du fit?

1 Ordne jede Zeile nach dem Abc. Nummeriere die Wörter.

D/d	Datum	Dampf	Daumen
L/l	Lupe	Luft	lügen
T/t	Telefon	Teller	teilen

2 Streiche falsche Nebeneinträge durch.

der Morgen
am Morgen
gestern Morgen
morgens
montags
eines Morgens

gehen
du gehst, er ging, sie ist gegangen
sich gehen lassen
Gehege
schlafen gehen
der Gehsteig

3 Zerlege die zusammengesetzten Wörter durch Striche so, wie du sie im Wörterbuch nachschlagen kannst.

Apfelmustorte Schnellkochtopf Paketschnurrolle stocksteif knüppelhart

wachsweich dunkelblau aufsagen hintergehen angreifen

4 Suche die passende Grundform und verbinde.

er sagte	antworten
sie bat	befehlen
sie redeten	bitten
sie antworteten	flüstern
du befahlst	reden
es schrie	sagen
er flüsterte	schreien
sie sprachen	sprechen

Abschlusstest

Lies zuerst den Arbeitstext. Bearbeite dann alle Aufgaben.
Kontrolliere deine Ergebnisse im Lösungsteil.
Male zu jeder Aufgabe nach der Kontrolle die Ampel so an:

 Hier ist alles richtig.

 Ich habe noch einige Fehler gemacht.

 Das übe ich noch einmal.

Bei den Aufgaben, deren Ampel rot ist, hast du noch Probleme. Schau dir deshalb nochmals die dazugehörigen Seiten vorne im Heft an. Das Zeichen unter der Ampel hilft dir dabei.

Schulmeisterschaft

Jedes Jahr nehmen die dritten und vierten Klassen der Ross-Grundschule an einem Fußballturnier teil. Es wird dabei der Schulmeister ermittelt. Im Endspiel wollen in der Klasse 3a auch zwei Mädchen mitspielen. Die Jungen sind davon nicht begeistert. Lea und Kirsten bestehen aber darauf, weil sie in einem Fußballverein trainieren und in einer Mädchenmannschaft spielen. Schließlich einigen sie sich mit der Lehrerin darauf, dass Lea in der ersten Halbzeit und Kirsten in der zweiten Halbzeit mitspielen darf. Zuerst spielt die Klasse 3a gegen die 3b. Lea geht also als Erste auf den Platz, und Kirsten wartet noch auf der Bank. Lea spielt als linke Verteidigerin. Alle sind sich einig, dass sie ihre Sache sehr gut macht, weil sie viele Bälle abwehrt. Sie ist eine tolle Abwehrspielerin. Nach der Pause rennt auch Kirsten aufs Feld. Sie ist eine gefährliche Stürmerin. Als sie in der letzten Minute den Ball auf ihren Fußballschuh bekommt, schießt sie ihn mit Schwung ins Tor. Sie gewinnen das Spiel mit 1:0. Nach dem Spiel versammeln sich alle, Jungen und Mädchen, und lassen Kirsten hochleben. Ob die Klasse 3a wohl die Schulmeisterschaft gewinnen wird?

Aufgabe 1 Suche aus dem Text alle Nomen heraus. Ordne sie in die Tabelle ein.

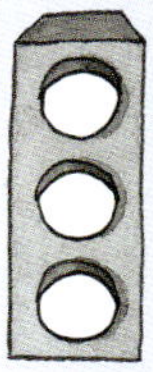

Lebewesen	Gegenstände	Eigennamen	andere Nomen

➲ siehe Seite 6, 8

Aufgabe 2 Setze die Nomen in die Mehrzahl.

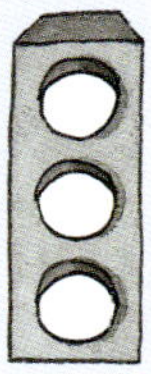

die Verteidigerin ....

die Abwehrspielerin ....

die Stürmerin ....

➲ siehe Seite 7, 11

Aufgabe 3 Bilde Nomen mit den Wortbausteinen **-heit**, **-keit** und **-ung**. Achte auf den Artikel.

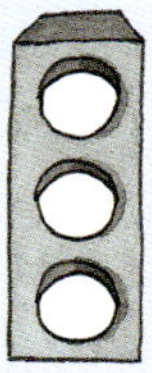

einig ....

sicher ....

versammeln ....

➲ siehe Seite 9, 10, 12

Abschlusstest

Aufgabe 4 Verlängere die Wörter und setze ein: b oder p, d oder t, g oder k.

die Ban.... ....

hal.... ....

der Sie.... ....

das En....spiel ....

die Wel.... ....

spannen.... ....

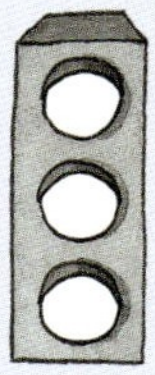

siehe Seite 14–17

Aufgabe 5 Kennzeichne in jedem Wort den betont gesprochenen Vokal: kurz • oder lang –.

die Klasse die Schule die Woche links gut

der Schwung schießen das Tor komisch

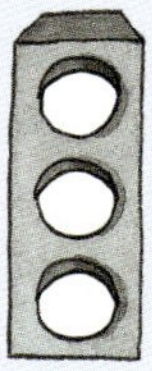

siehe Seite 22, 23

Aufgabe 6 Wie viele Konsonanten folgen nach dem betonten kurz gesprochenen Vokal? Sortiere die Wörter ein.

der Ball die Bank die Klasse der Dampf

der Platz die Jungen der Schwung die Elster

die Wolle versammeln spannend das Fenster

zwei gleiche: ....

....

zwei unterschiedliche: ....

....

drei und mehr: ....

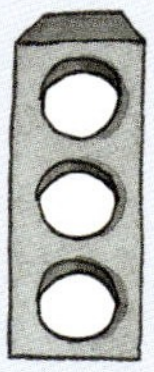

siehe Seite 24

Aufgabe 7
Suche zu jedem Wort ein passendes Reimwort aus dem Text. Färbe die zwei gleichen Konsonanten in jedem Wort ein.

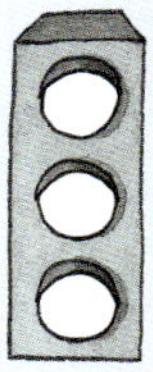

Fall	....	Masse	....
Boss	....	rollen	....
gerinnen	....	voll	....

siehe Seite 25

Aufgabe 8
Suche aus dem Text alle Wörter mit Dehnungs-**h** heraus. Markiere das Dehnungs-**h** und den Buchstaben davor.

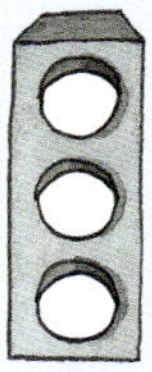

....

....

....

siehe Seite 27

Aufgabe 9
Setze mit diesen Wortbausteinen Verben zusammen und schreibe die Wörter auf.

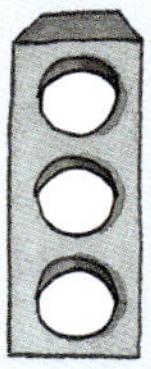

ver- ge- ab- er- be-

-mitt- -winn- -steh- -samm- -wehr-

-en -en -en -eln -eln

....

....

siehe Seite 30

Aufgabe 10
Färbe in den Wörtern jeden Wortstamm in einer anderen Farbe ein.

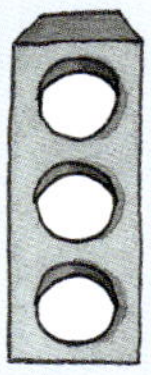

sie spielt | sie schießt | sie nehmen | sie gewinnen

sie wartet | sie rennt | sie geht | sie bekommt

siehe Seite 31

Abschlusstest

Aufgabe 11 Schreibe aus dem Text alle Wörter mit den vorangestellten Wortbausteinen **ver-**, **ab-**, **be-** heraus.

....

....

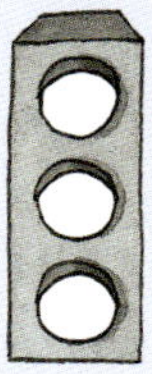

➲ siehe Seite 32–34

Aufgabe 12 Schreibe die Wörter alphabetisch geordnet auf.

schießt ....

schließlich ....

schießen ....

Sache ....

Schwung ....

Spiel ....

Schule ....

Stürmerin ....

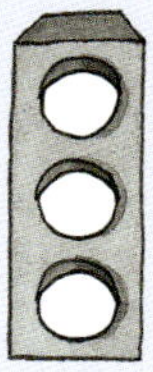

➲ siehe Seite 38

Aufgabe 13 Schreibe neben jeden Nebeneintrag den passenden Haupteintrag.

die Gefahr das Wehr fahren der Sturm
der Wind abwehren halb Hälfte

Nebeneintrag	Haupteintrag
gefährlich	
Stürmerin	
Abwehrspielerin	
Halbzeit	

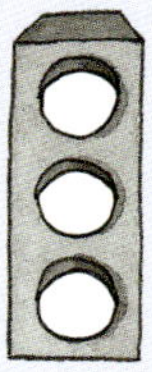

➲ siehe Seite 39

Aufgabe 14 Zerlege die zusammengesetzten Nomen so, wie du sie im Wörterbuch nachschlagen kannst. Trenne die einzelnen Teile mit Strichen ab.

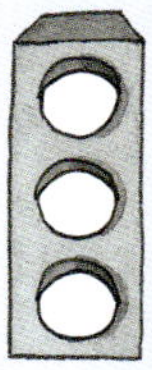

Fußballturnier Endspiel Fußballschuh

Schulmeister Fußballverein Halbzeit

Abwehrspielerin Mädchenmannschaft

➔ siehe Seite 40

Aufgabe 15 Zerlege die zusammengesetzten Verben so, wie du sie im Wörterbuch nachschlagen kannst. Trenne die einzelnen Teile mit Strichen ab.

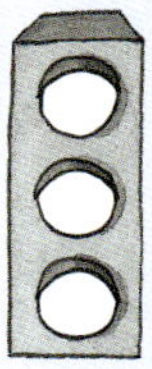

hochleben mitspielen abwehren hinausrennen

aufstehen aufstellen hervorkommen abspielen

hineinschießen einsammeln hinsetzen

➔ siehe Seite 42

Dein Ergebnis bei den 15 Aufgaben:   

Groß- und Kleinschreibung

Besprich Aufgaben, zu denen du hier keine Lösung findest, mit einem Erwachsenen.

Seite 6 Üben

Gegenstände: die Boje, der Eimer, der Anker, das Boot, das Paddel, das Segel, das Tau, der Schaum, der Tropfen
Lebewesen: die Krabbe, die Muschel, der Fisch, der Surfer, der Taucher, die Möwe, der Kapitän, der Matrose
Gefühle/Gedanken/Zustände: der Traum, die Angst, die Freude, die Langeweile, die Hitze

Seite 7 Üben

Y	D	S	C	K	U	R	V	W	K
H	J	C	H	L	E	H	R	E	R
E	X	H	Z	A	P	X	P	Ü	E
F	R	Ü	H	S	T	Ü	C	K	I
T	I	L	A	S	Ü	C	H	R	D
I	R	E	M	E	F	R	A	G	E
T	Ü	R	F	O	L	S	T	O	L

das Heft	ein Heft	viele Hefte
die Klasse	eine Klasse	viele Klassen
der Schüler	ein Schüler	viele Schüler
der Lehrer	ein Lehrer	viele Lehrer
das Frühstück	ein Frühstück	viele Frühstücke
die Tür	eine Tür	viele Türen
die Kreide	eine Kreide	viele Kreiden
die Frage	eine Frage	viele Fragen

Seite 8 Üben

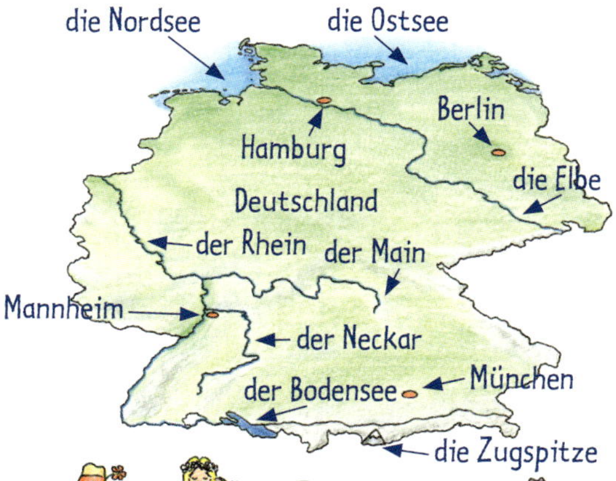

Seite 9 Üben

VERGANGENHEITUPSVERBINDUNGUPS
VERSÄUMNISUPSEINIGKEITUPSGESUNDHEIT
UPSPRINZESSINUPSGELEGENHEITUPS
VERZEICHNISUPSWÄHRUNGUPS
BEWEGLICHKEITUPSFEIGHEITUPSSCHÖNHEIT
UPSAUFMERKSAMKEITUPSBEMERKUNGUPS
PROFESSORINUPSHINDERNISUPSKLEINIGKEIT
UPSBÜRGERINUPSVERSAMMLUNGUPS
VERSTÄNDNISUPSVERABREDUNGUPS
DETEKTIVINUPS

-heit: die Vergangenheit, die Gesundheit, die Gelegenheit, die Feigheit, die Schönheit
-keit: die Einigkeit, die Beweglichkeit, die Aufmerksamkeit, die Kleinigkeit
-ung: die Verbindung, die Währung, die Bemerkung, die Versammlung, die Verabredung
-nis: das Versäumnis, das Verzeichnis, das Hindernis, das Verständnis
-in: die Prinzessin, die Professorin, die Bürgerin, die Detektivin

Lösungen

Lösungen für Seite 6–14

Seite 10 Üben

-ung	-er	-nis
die Bohrung	der Bohrer	das Erlebnis
die Erfahrung	der Verlierer	das Ergebnis
die Bedeutung	der Gewinner	das Wagnis
die Kreuzung	der Kreuzer	das Hindernis
die Bewegung	der Lehrer	das Ärgernis
	der Arbeiter	
	der Sprecher	

Seite 11 Üben 1

die Wag	nis	se	die Erleb	nis	se
die Versäum	nis	se	die Hinder	nis	se
die Verzeich	nis	se	die Geständ	nis	se
die Gefäng	nis	se	die Ärger	nis	se

Seite 11 Üben 2

der Manager	die Managerin	die Managerinnen
der Prinz	die Prinzessin	die Prinzessinnen
der Professor	die Professorin	die Professorinnen
der Präsident	die Präsidentin	die Präsidentinnen
der Bauer	die Bäuerin	die Bäuerinnen
der Detektiv	die Detektivin	die Detektivinnen

Seite 12 Üben

faul 	fröhlich	hässlich 
die Faulheit	die Fröhlichkeit	die Hässlichkeit
ängstlich 	herzlich 	menschlich
die Ängstlichkeit	die Herzlichkeit	die Menschlichkeit
schön 	frei 	gleich
die Schönheit	die Freiheit	die Gleichheit
gesund	dumm 	klug 
die Gesundheit	die Dummheit	die Klugheit

Seite 13 Bist du fit?

1
der Hase die Brille die Freude der Bus der Traum der Floh
das Mädchen die Langeweile die Schokolade

2 Ich streiche **die Gemütlichkeit** durch, weil das Wort nicht mit **-heit** endet.
Ich streiche **die Böschung** durch, weil das Wort nicht mit **-keit** endet.
Ich streiche **das Gefängnis** durch, weil das Wort nicht mit **-ung** endet.

3

das Verzeichnis	die Verzeichnisse
das Gefängnis	die Gefängnisse
die Polizistin	die Polizistinnen
die Forscherin	die Forscherinnen

4

senden	die Sendung
verabreden	die Verabredung
ärgern	das Ärgernis
versäumen	das Versäumnis

5

frei	die Freiheit
fröhlich	die Fröhlichkeit
flüssig	die Flüssigkeit
faul	die Faulheit

Seite 14 Üben

das Zel**t** – die Zel te
frem**d** – frem de Menschen
die Ban**k** – die Bän ke
gel**b** – gel be Zitronen
star**k** – star ke Jungen
der Die**b** – die Die be
das Pfer**d** – die Pfer de
bun**t** – bun te Blätter
run**d** – run de Knöpfe
der Hun**d** – die Hun de
die Luf**t** – die Lüf te
der Rau**b** – die Räu ber
das Bil**d** – die Bil der
hal**b** – eine hal be Stunde
har**t** – har te Eier
blon**d** – blon de Haare

Schwierige Laute

Seite 15 Üben

die Die be	deshalb	der Dieb
die Ta ge	deshalb	der Tag
die Stä be	deshalb	der Stab
die Win de	deshalb	der Wind
die Zü ge	deshalb	der Zug
die Sie be	deshalb	das Sieb
die Klei der	deshalb	das Kleid
die Ver ben	deshalb	das Verb
die Zwer ge	deshalb	der Zwerg
die Bän der	deshalb	das Band
die Flü ge	deshalb	der Flug
die Lie der	deshalb	das Lied
die Kör be	deshalb	der Korb
die Zwei ge	deshalb	der Zweig
die Fel der	deshalb	das Feld

Seite 16 Üben

Zusammengesetztes Nomen	1. Nomen	2. Nomen	Mehrzahl des 1. Nomens
der Flugschreiber	der Flug	der Schreiber	die Flü ge
die Handtasche	die Hand	die Tasche	die Hän de
der Geldbeutel	das Geld	der Beutel	die Gel der
die Feldmaus	das Feld	die Maus	die Fel der
der Grabstein	das Grab	der Stein	die Grä ber
der Berggipfel	der Berg	der Gipfel	die Ber ge
der Strandkorb	der Strand	der Korb	die Strän de
das Windrad	der Wind	das Rad	die Win de
das Handtuch	die Hand	das Tuch	die Hän de
der Lidschatten	das Lid	der Schatten	die Li der
der Korbstuhl	der Korb	der Stuhl	die Kör be
die Radkappe	das Rad	die Kappe	die Rä der
die Wanduhr	die Wand	die Uhr	die Wän de
das Schlagloch	der Schlag	das Loch	die Schlä ge

Seite 17 Üben

bunt	ich vergleiche	bun ter
fad	ich vergleiche	fa der
lieb	ich vergleiche	lie ber
klug	ich vergleiche	klü ger
wild	ich vergleiche	wil der
gesund	ich vergleiche	ge sün der
kräftig	ich vergleiche	kräf ti ger
wütend	ich vergleiche	wü ten der
zornig	ich vergleiche	zor ni ger
lustig	ich vergleiche	lus ti ger

Seite 18 Üben

er kla g t	kommt von	kla	gen
sie trä g t	kommt von	tra	gen
sie be b t	kommt von	be	ben
du gi b st	kommt von	ge	ben
er blie b	kommt von	blei	ben
er wie g t	kommt von	wie	gen
sie fan d	kommt von	fin	den
du stei g st	kommt von	stei	gen
sie schrie b	kommt von	schrei	ben
er ban d	kommt von	bin	den
sie flo g	kommt von	flie	gen
es stau b t	kommt von	stau	ben

Seite 19 Üben 1

der Geburtstag, das Frühstücksei, das Verkehrsschild, die Einkaufstasche, die Abfahrtszeit, die Haushaltshilfe, die Hungersnot, die Vorratskammer, das Himmelszelt, das Eselsohr, der Mordshunger, der Mordsspaß, das Dreieckstuch

Lösungen

Seite 19 Üben 2

der Mittag**s**tisch · der Geburt**s**ort · das Verkehr**s**chaos
der Suppentopf · die Vorrat**s**dose · das Mittagessen

Seite 20 Üben

chs: der Fuchs, wachsen, die Achse, sechs, wechseln, die Eidechse
ks: der Keks, der Koks, der Murks
cks: der Klecks, der Klacks, der Hicks, der Mucks, der Knacks
x: der Mixer, extrem, das Exemplar, die Axt, hexen, mixen, die Nixe, Max

Seite 21 Bist du fit?

1

der Ta**g**	die Ta ge
das Ra**d**	die Rä der
der Kor**b**	die Kör be
das Bro**t**	die Bro te

2

das Geschen**k**band	das Geschenk, das Band, die Geschenke
der Gel**d**beutel	das Geld, der Beutel, die Gelder
die Ber**g**spitze	der Berg, die Spitze, die Berge
der Sta**b**hochsprung	der Stab, der Hochsprung, die Stäbe

3

flin**k**	flin ker
hungri**g**	hung ri ger
lie**b**	lie ber
wil**d**	wil der
bun**t**	bun ter
plum**p**	plum per

4

sie glau**b**t	glauben
ihr schrei**b**t	schreiben
er tra**t**	treten
er fan**d**	finden
es stin**k**t	stinken
du trä**g**st	tragen

5 Nomen mit Fugen-**s**: die Bahnhofsuhr, das Verkehrsschild, der Einkaufskorb, die Eingangstür

Seite 22 Üben 1

das Bett	das Beet
die Hüte	die Hütte
rasten	rasen
die Base	die Bässe
betten	beten
die Rose	die Rosse
die Blässe	die Blase
hobeln	hoppeln
die Nase	die Nässe
die Miete	die Mitte
still	der Stiel

Seite 22 Üben 2

kurzer Vokal: Tropfen, Masse, Band, bunt
langer Vokal: Hut, rot, Lob, Bad

Seite 23 Üben

Lange und kurze Vokale

Seite 24 Üben

zwei gleiche Konsonanten	zwei unterschiedliche Konsonanten	drei und mehr Konsonanten
die Pfanne	saftig	der Strumpf
der Lappen	kalt	das Monster
essen	der Herd	kämpfen
das Brett	der Apfel	der Dampf
die Tasse	der Topf	schimpfen
der Löffel	helfen	die Wurst
das Blatt	stürzen	stampfen
der Kuss	stark	der Kampf
schlapp	die Kante	impfen

Seite 25 Üben

die Kanne	die Wanne	die Tanne
murren	knurren	surren
das Kliff	das Schiff	das Riff
der Schlüssel	die Schüssel	der Rüssel
nett	fett	das Bett
der Schluss	der Kuss	die Nuss
die Gruppe	die Puppe	die Suppe
grell	schnell	hell
die Klammer	der Hammer	die Kammer
kennen	brennen	rennen
jetten	retten	wetten
prall	der Schall	der Knall

Seite 26 Üben 1

Mäuse fängt man mit Speck.
Über den Fluss führt eine Brücke.
Im Winter braucht man eine Mütze.
Auf dem Kleid ist ein Fleck.
Morgens klingelt mein Wecker.
Ich muss meinen Bleistift spitzen.
Auf dem Salat kriecht eine Schnecke.

Seite 26 Üben 2

Bä**ck**er Pla**tz** Ba**ck**ofen zerpla**tz**en
Fußballpla**tz** ba**ck**en Plä**tz**chen Pla**tz**wunde
Zwieba**ck** pla**tz**en geba**ck**en Gebä**ck**
gepla**tz**t ausba**ck**en

Wortfamilie (ck): der Bäcker, der Backofen, backen, der Zwieback, gebacken, das Gebäck, ausbacken
Wortfamilie (tz): der Platz, zerplatzen, der Fußballplatz, das Plätzchen, die Platzwunde, platzen, geplatzt

Seite 27 Üben

ah/äh: zählen, die Fähre, die Fahne, gähnen
eh: fehlen, sehr, zehn, dehnen
oh/öh: fröhlich, bohren, hohl, wohl, die Wohnung
uh/üh: der Ruhm, das Gefühl, kühl, führen
ih: ihm, ihn, ihr, ihnen

Seite 28 Üben 1

Wort	1. Silbe	2. Silbe
drehen	dre	hen
wohnen	woh	nen
stehen	ste	hen
die Bohne	Boh	ne
die Brühe	Brü	he
fahren	fah	ren

Wort	1. Silbe	2. Silbe
die Sehne	Seh	ne
sehen	se	hen
fehlen	feh	len
drohen	dro	hen
rühren	rüh	ren
blühen	blü	hen

Seite 28 Üben 2

die Kuh	die Kü he
der Floh	die Flö he
das Reh	die Re he
der Zeh	die Ze hen
der Schuh	die Schu he
froh	fro her
nah	nä her

Seite 29 Bist du fit?

1

die Tafel hell der Tisch die Tür
öffnen die Bank malen falten das Buch

2

Affe	Waffe	Tasse	Kasse
Kelle	Welle	Schimmel	Himmel
retten	wetten	schnurren	knurren

3

	j	e	tz	t		
	S	a	tz			
	s	i	tz	e	n	
B	l	i	tz			
t	r	o	tz	i	g	

B	r	ü	ck	e		
	m	e	ck	e	r	n
		e	ck	i	g	
t	r	o	ck	e	n	
	S	o	ck	e	n	

4 Lea kann schon bis eine Million **zählen**. Bei der Fußballweltmeisterschaft hatten viele Menschen **Fahnen** an ihren Autos. Die **Zahl** nach der **Zehn** ist die Elf. Bennie fiel in Mathe vom **Stuhl**.

5

ste hen — er steht
krä hen — er kräht
blü hen — es blüht
ge hen — du gehst

Seite 30 Üben 1

zerlegen, beschreiben, Abkühlung, Bewegung, abbrennen, beweglich, erkunden, Erlebnis, erpressen, eintreten

Seite 30 Üben 2

Be|kleid|ung be|trüg|en Ent|fern|ung
an|fass|en zer|brech|lich ver|gess|lich
Ver|ständ|nis

Seite 31 Üben

lauf: laufen, der Lauf, der Läufer, du läufst, das Laufrad, geläufig
kalt: kaltblütig, die Kälte, kalt, erkälten, erkalten
renn: rennen, du rennst, er rannte, der Rennfahrer, das Rennen, gerannt
helf: helfen, hilflos, er half, es hat geholfen, die Hilfe, sie hilft

Seite 32 Üben

abbauen, annähen, annehmen, aufführen, auffädeln, auffressen, auffalten, aussagen, aussäen, aussuchen, aussortieren, aussehen, aussenden, beenden, beerben, einnähen, einnehmen, enttäuschen

Seite 33 Üben

ver / vor geben	ver / vor legen	Ver such	ver / vor nehmen
vor sehen	ver hindern	vor / ver kommen	Vor schlag
ver senden	ver / vor fahren	ver wenden	ver / vor schreiben
Ver kauf	ver dienen	ver / vor stellen	ver / vor lesen
vor ziehen	ver tauschen	ver / vor sagen	ver suchen
ver teilen	ver brennen	ver bieten	ver wandeln
ver raten	Vor spiel	ver reisen	ver / vor rechnen

Seite 34 Üben 1

abräumen, wegräumen
abstellen, wegstellen
abwerfen, wegwerfen
ablaufen, weglaufen
abbrechen, wegbrechen
abhören, weghören
abfallen, wegfallen
abgeben, weggeben
abführen, wegführen
abnehmen, wegnehmen
abspringen, wegspringen
abschließen, wegschließen

Wortbausteine

Seite 34 Üben 2

durchgestrichen:
wegraten, wegbitten, abfliehen, wegmalen

Seite 35 Üben

Seite 36 Üben

die tägliche Bewegung
das stürmische Wetter
das verdächtige Geräusch
die erfinderischen Ideen
der herzliche Glückwunsch
das witzige Buch
das glückliche Leben
der steinige/sandige Weg/Boden
die gefährliche Straße
der malerische Ort
die launische Mutter

Seite 37 Bist du fit?

1 Ver|bind|ung an|ruf|en er|zähl|en
Ver|ständ|nis be|weg|lich

2 leben schläfrig warm leblos verschlafen
lebendig die Wärme schlafen wärmen

3 abführen, anführen, aufführen, ausführen, einführen, entführen, verführen, vorführen, wegführen
abnehmen, annehmen, aufnehmen, ausnehmen, benehmen, einnehmen, entnehmen, vernehmen, vornehmen, wegnehmen
abrechnen, anrechnen, aufrechnen, ausrechnen, berechnen, verrechnen, vorrechnen

4

	-ig	-lich	-isch
der Witz	witzig		
der Tag		täglich	
das Tier			tierisch
das Kind		kindlich	kindisch

5 ein freund**licher** Mensch, die dieb**ische** Elster,
die witz**ige** Geschichte, das hungr**ige** Baby,
der köst**liche** Apfel, der biss**ige** Hund

Seite 38 Üben 1

B/b: balancieren, Barren, Boot
K/k: klatschen, klettern, klingeln
R/r: Rast, Ringe, rudern
S/s: stark, stehen, Stoppuhr
W/w: weinen, werfen, Wettrennen

Seite 38 Üben 2

Mohn Möhre Mole ~~Monat~~ Moment Moor
Morgen ~~Moped~~ Mörtel
zurück zusammen ~~zuwider~~ zuvor zwei
zwischen ~~zwanzig~~ zwölf

Seite 39 Üben 1

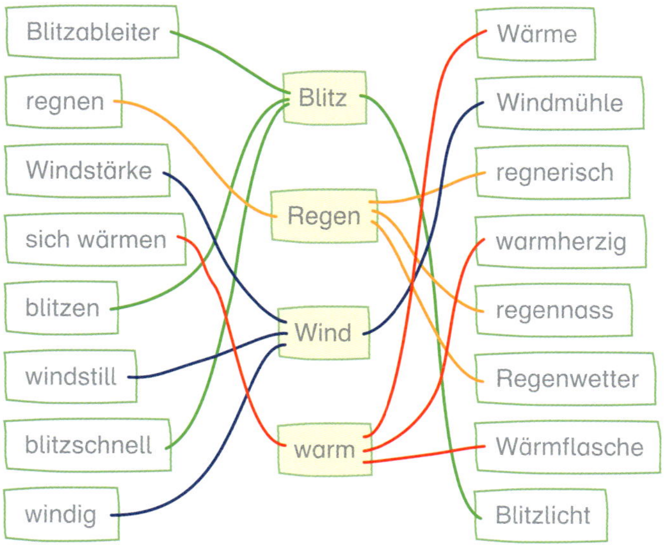

Seite 39 Üben 2

Lösungsvorschlag:
die **Schnur:** schnüren, schnurgerade
geheim: das Geheimnis, geheimnisvoll
die **Nacht:** heute Nacht, nächtelang, nachts

Seite 40 Üben

KARTOFFEL|BREI|SCHÜSSEL: die Kartoffel, der Brei, die Schüssel

BUTTER|BROT|PAPIER: die Butter, das Brot, das Papier

MARMOR|KUCHEN|FORM: der Marmor, der Kuchen, die Form

NUDEL|SUPPEN|TOPF: die Nudel, die Suppe, der Topf

KIRSCH|TORTEN|SCHACHTEL: die Kirsche, die Torte, die Schachtel

BUTTER|MILCH|TÜTE: die Butter, die Milch, die Tüte

GURKEN|SCHEIBEN|HOBEL: die Gurke, die Scheibe, der Hobel

MILCH|SCHAUM|DÜSE: die Milch, der Schaum, die Düse

SCHWEINE|BRATEN|SCHEIBE: das Schwein, der Braten, die Scheibe

Seite 41 Üben

hunde|müde		gras|grün	
der Hund	müde	das Gras	grün
pudel|wohl		honig|gelb	
der Pudel	wohl	der Honig	gelb
aal|glatt		stahl|blau	
der Aal	glatt	der Stahl	blau
bären|stark		dunkel|braun	
der Bär	stark	dunkel	braun
raben|schwarz		sau|kalt	
der Rabe	schwarz	sau	kalt
spinne|feind		rosa|rot	
die Spinne	der Feind	rosa	rot

Seite 42 Üben

abgeben: ab, geben
andrehen: an, drehen
aufstehen: auf, stehen
auspacken: aus, packen
einsammeln: ein, sammeln
herabsteigen: herab, steigen
heraussagen: heraus, sagen
herüberrufen: herüber, rufen
herumspringen: herum, springen
hervorkommen: hervor, kommen
hinsetzen: hin, setzen
hinausgehen: hinaus, gehen
überstürzen: über, stürzen
wiederkäuen: wieder, kauen
widersprechen: wider, sprechen

Nachschlagen

Seite 43 Üben 1

Seite 43 Üben 2

Die ganze Klasse redet durcheinander.	reden
Pit fluchte leise vor sich hin.	fluchen
Nico und Paula schwätzten die ganze Zeit miteinander.	schwätzen
Lina schwört, dass sie Franzis Radiergummi nicht hat.	schwören
Beim Sport prahlte Oskar mit seinen neuen Sportschuhen.	prahlen
Die Mathematiklehrerin fragt die Einmaleinsreihen ab.	abfragen
Bei der Stillarbeit antwortet Zoe nicht auf Ralfs Flüstern.	antworten
Jim quengelt ständig.	quengeln
Tom passt nicht auf.	aufpassen

Seite 44 Üben

sie ging: gehen
er sprang: springen
wir fuhren: fahren
er ist geritten: reiten
du liefst: laufen
er floh: fliehen
es lag: liegen
wir schlichen: schleichen
sie kamen: kommen
wir zogen: ziehen
sie stiegen: steigen
er kroch: kriechen
er fiel: fallen
sie schwammen: schwimmen
wir sind gerannt: rennen

Seite 45 Bist du fit?

1 **Die richtige Reihenfolge lautet:**

D/d	Dampf	Datum	Daumen
L/l	Luft	lügen	Lupe
T/t	teilen	Telefon	Teller

2 **durchgestrichen:** montags, Gehege

3 Apfel|mus|torte Schnell|koch|topf
Paket|schnur|rolle stock|steif knüppel|hart
wachs|weich dunkel|blau auf|sagen
hinter|gehen an|greifen

4

er sagte	sagen
sie bat	bitten
sie redeten	reden
sie antworteten	antworten
du befahlst	befehlen
es schrie	schreien
er flüsterte	flüstern
sie sprachen	sprechen

Seite 47 Aufgabe 1

Lebewesen: Schulmeister, Mädchen, Jungen, Lehrerin, Verteidigerin, Abwehrspielerin, Stürmerin
Gegenstände: Platz, Bank, Ball/Bälle, Feld, Fußballschuh, Tor
Eigennamen: Ross-Grundschule, Lea, Kirsten
andere Nomen: Schulmeisterschaft, Jahr, Klasse, Fußballturnier, Endspiel, Fußballverein, Mädchenmannschaft, Halbzeit, Sache, Pause, Minute, Schwung, Spiel

Seite 47 Aufgabe 2

die Verteidigerin	die Verteidigerinnen
die Abwehrspielerin	die Abwehrspielerinnen
die Stürmerin	die Stürmerinnen

Seite 47 Aufgabe 3

einig	die Einigkeit
sicher	die Sicherheit
versammeln	die Versammlung

Seite 48 Aufgabe 4

die Ban**k** die Bän**k**e
hal**b** hal**b**e
der Sie**g** die Sie**g**e
das En**d**spiel das En**d**e
die Wel**t** die Wel**t**en
spannen**d** spannen**d**er

Seite 48 Aufgabe 5

die Klasse die Schule die Woche links gut
der Schwung schießen das Tor komisch

Seite 48 Aufgabe 6

zwei gleiche: der Ball, die Klasse, die Wolle, versammeln, spannend
zwei unterschiedliche: die Bank, der Platz, die Jungen, der Schwung
drei und mehr: der Dampf, die Elster, das Fenster

Seite 49 Aufgabe 7

zum Beispiel:

Fall Ball Masse Klasse
Boss Ross rollen wollen
gerinnen gewinnen voll toll

Seite 49 Aufgabe 8

Jahr, nehmen, Lehrerin, sehr, abwehrt, Abwehrspielerin, gefährlich, ihren, ihn, wohl

Seite 49 Aufgabe 9

versammeln, gewinnen, abwehren, ermitteln, bestehen

Seite 49 Aufgabe 10

sie spielt sie schießt sie nehmen sie gewinnen
sie wartet sie rennt sie geht sie bekommt

Seite 50 Aufgabe 11

begeistert, bestehen, abwehrt, bekommt, versammeln

Seite 50 Aufgabe 12

Sache, schießen, schießt, schließlich, Schule, Schwung, Spiel, Stürmerin

Seite 50 Aufgabe 13

Nebeneintrag	Haupteintrag
gefährlich	die Gefahr
Stürmerin	der Sturm
Abwehrspielerin	abwehren
Halbzeit	halb

Seite 51 Aufgabe 14

Fuß|ball|turnier End|spiel Fuß|ball|schuh
Schul|meister Fuß|ball|verein Halb|zeit
Ab|wehr|spielerin Mädchen|mannschaft

Seite 51 Aufgabe 15

hoch|leben mit|spielen ab|wehren
hinaus|rennen auf|stehen auf|stellen
hervor|kommen ab|spielen hinein|schießen
ein|sammeln hin|setzen

Rechtschreibstrategien

Diese Strategien helfen dir beim richtigen Schreiben.

Strategie 1: Mitsprechen

Beim Aufschreiben **spreche** ich leise **mit**.

- Ich gliedere die Wörter deutlich in einzelne Silben.
  Ro bo ter spra che
- Ich achte auf besondere Laute, Buchstabenverbindungen und auf die Endungen.
  der **St**ern **sp**ielen die **Qu**alle das Da**ch** si**ng**en der Vat**er** der Apf**el**
- Ich achte darauf, ob der Laut am Wortanfang weich oder hart gesprochen wird.
  backen – **p**acken der **D**ank – der **T**ank die **G**asse – die **K**asse

Strategie 2: Nachdenken

Beim Aufschreiben **denke** ich **nach**.

- Ich überlege, welche Wörter **großgeschrieben** werden.
  Satzanfang? **L**uzie kommt. **W**ir spielen.
  Nomen? der **B**aum, die graue **M**aus, die **W**ohn**ung**, die **F**rei**heit**, die **H**eiser**keit**
  Eigennamen? **B**en, **D**ornröschen, **M**ünchen
  Höflichkeitsanrede? **S**ie, **I**hnen
- b oder p, d oder t, g oder k? Ich **verlängere** das Wort, um den Laut besser zu hören.
  der Korb – die Kör **b**e der Hund – die Hun **d**e winzig – win zi **g**e
- ä oder e, äu oder eu? Ich suche ein **verwandtes Wort** mit a oder au.
  die **Ä**pfel – der **A**pfel du tr**äu**mst – der Tr**au**m er l**äu**ft – l**au**fen
- Ein oder zwei Konsonanten? Ich entscheide: **langer** oder **kurzer** Vokal.
  das Kabel – der Kasten die Miete – die Mitte die Hüte – die Hütte reizen – ritzen
- Verschiedene Wortbausteine? Ich zerlege das Wort in seine Teile.
  Vor | fahrt **ver** | laufen Frei | **heit** herz | **lich**

Strategie 3: Merken

Wörter mit schwierigen Lauten muss ich mir **merken** und immer wieder üben.

- Wörter mit V/v: der Vogel, der Vers, die Vase, die Olive
- Wörter mit ai: der Kaiser, der Hai
- Wörter mit ks-**Laut**: sechs, Hexe, Keks, Klecks
- Wörter mit langem i: wir, dir, der Tiger
- Wörter mit **doppeltem Vokal**: der Saal, der See, das Boot
- Wörter mit **Dehnungs-**h: fehlen, der Lohn

Strategie 4: Nachschlagen

Wörter, bei denen ich unsicher bin, wie sie geschrieben werden, **schlage** ich **nach**.

- Ich achte auf den **Anfangsbuchstaben**: der Ball
- Nomen suche ich in der **Einzahl**: die Hühner → das Huhn
- Verben suche ich in der **Grundform**: er singt → singen
- Adjektive suche ich in der **Grundstufe**: wärmer → warm
- Zusammengesetzte Wörter **zerlege** ich: der Schneeball → der Schnee, der Ball
  blitzschnell → der Blitz, schnell   hinuntergehen → hinunter, gehen

Strategie 5: Kontrollieren

Was ich geschrieben habe, muss ich **kontrollieren**.

- Ich lese jedes Wort langsam. Fehlt kein Buchstabe? Sind die Buchstaben in der richtigen Reihenfolge?
- Ich lese den Text und markiere Wörter, bei denen ich unsicher bin. Ich suche nach einer Strategie: Wortart bestimmen, Wort verlängern, Verwandte suchen
- Ich verbessere die Fehler: mein Ka(r)teikasten   Ich habe ihn ~~fergessen~~ vergessen.

Fachbegriffe

Selbstlaut	Vokal	a, e, i, o, u
Umlaut		ä, ö, ü
Doppellaut		ei, ai, au, äu, eu
Mitlaut	Konsonant	b, c, d, f …

Namenwort	Nomen, Substantiv	Übung
Begleiter	Artikel	die, eine
Einzahl	Singular	die Übung
Mehrzahl	Plural	die Übungen
Fürwort	Pronomen	sie, ihr
Tuwort, Tunwort	Verb	
Grundform		turnen
Personalform		ich turne, du turnst …
Gegenwart		er turnt
Vergangenheit		er turnte, er hat geturnt
Zukunft		er wird turnen
Wiewort	Adjektiv	schwierig
Verhältniswort		auf, an, in …
Bindewort		und, oder, obwohl …